(poésies)

il te reste un monde à construire

Philippe POTEL-BELNER

ouvrages de Philippe POTEL-BELNER parus aux éditions BoD
-volume 44: *Sanskrit Etymological Dictionary*, june 2017
-volume 62: *les noms des chefs gaulois de la Guerre des Gaules*, juillet 2017
-volume 148: *dictionnaire étymologique des langues gauloises*, janvier 2018
-volume 14: *dictionnaire étymologique de l' hébreu* (1ère partie), avril 2018

ouvrages disponibles auprès de l' auteur:
-volume 4: *la Première Histoire de l' Humanité*, juin 2012
-volume 5: *dictionnaire des mots de la langue gauloise (1ère partie)*, novembre 2012

Pour des informations complémentaires, consultez
www.langue-et-histoire.com

ISBN 9782322123759

Edition : Books on Demand,
12/14 rond-Point des Champs-Elysées, 75008 Paris
Impression : BoD - Books on Demand, Norderstedt, Allemagne
Dépôt légal : juin 2018

© copyright *Philippe POTEL-BELNER*
BP 50 Saint-Pair-sur-Mer (France)
www.langue-et-histoire.com

A l' approche de mes soixante ans, j' ai réuni ces textes que je dédie à mes fils et à toute la jeunesse française (et éventuellement du monde, bien que je ne la connaisse pas !).

à l' âge de vingt ans

De gentes dames blanches

S' enroulent dans mes vagues

Sont-elles des déesses perdues sur notre terre...

Sont-elles des comtesses pleines de bonnes manières...

Sont-elles aussi cruelles qu' elles sont belles...

Savent-elles rien qu' avec les yeux habiller le silence ?

De gentes dames blanches s 'échouent sur le rivage

Dans l' écume si blanche...

A quoi bon rester là

Il faut tourner la page

(1978)

à l'ombre des jeunes filles en fleurs

On est si bien à l'ombre des jeunes filles en fleurs

Qu' on voudrait leur offrir son coeur, pauvre présent

On est si bien à l'ombre des jeunes filles en fleurs

Qu' on voudrait leur offrir le trésor des amants

On voudrait de leurs larmes faire des colliers magnifiques

On voudrait refaire le monde à leur idée

On voudrait ne plus jamais les voir désolées

On est si bien à l'ombre des jeunes filles en fleurs

Qu' on voudrait de leur âme faire le portrait

Et leur offrir agenouillé

(1975)

à quoi bon lutter contre le coeur bleu de la nuit

A quoi bon lutter contre le coeur bleu de la nuit

Sur le quai

Des brumes jouent des rôles de femmes

La nuit et la pluie

Dégoulinent sur la ville

Et font accepter l' inacceptable

Toi, le spectateur

Tu passes sans rien voir

Tu n' y peux rien

Trop heureux

Que Dieu t' ait prêté une vie

(2018)
(inspiré par le film *Quai des brumes* < "*sur le quai –des brumes...*")

au Champ de Mars

Ô chants divins
 Des chemins de terre

Ô chants misère
Des hommes demain

Ô chants cruels
Des sirènes urbaines
Qui déchirent matin
Les rêves humains

Ô cris de haine
Des cités humaines

Ô grondements
 Des monstres d' acier

Ô cris déments
Des mères en colère
Qui bercent leur enfant mort
De leur cri strident

Ô cliquetis
 Des fusils que l' on arme
Pour tirer demain
Sur son fils ou son voisin

Les âmes défilent dans les rues de la ville
Qui sait à quoi elles pensent ?

(1979)
(double titre: au Champ de Mars / ô chant de Mars)

au grand jamais

C'est parti, c' est fini
Au grand jamais

Pour une photo jaunie
Ça n' revient pas

Tous les amours de gosses
Sont à la peine
Ils sont partis là-bas
Au grand jamais

Elle m' avait dit " patience "
Un jour nous serons grands
Mais que deviennent les roses
Quand le vent a soufflé

C'est parti, c' est fini
Au grand jamais
Il ne me reste pas grand chose
Juste une photo jaunie
Ça n'revient pas

Tous mes amours de gosses
Ont des enfants
Tous mes amours de gosses
Sont parties

(1989)

au pays de ton corps

J' effleure de mes lèvres ta nuque parfumée
Et dessine tes lèvres d' un doigt de joailler

Ô mon amour je t' aime
T' adore et te caresse

Ô mon amour je t'aime
Je passe sur ta joue une main enivrée
Par le vin clair et fou de tes coteaux dorés

Je joue dans tes cheveux comme souffle le vent
Dans le feuillage heureux des arbres du printemps

Je trace mes sillons sur ton ventre brûlé
Par les ardents rayons du soleil d' été

Ô toi terre inconnue que je veux découvrir
Et te contempler nue sans jamais en finir

Je veux de tes sentiers connaître les secrets
De ta côte sauvage trouver toutes les plages

Et m' endormir comblé à l' ombre de tes pins
Et m' endormir aimé sans peur du lendemain

(1988)

au-delà de la Grande Ourse

Aimer au long cours

Aimer sans retour

Laisser la Grande Ourse

Poursuivre sa course

Et plonger au-delà

Vers là où vont tes pas

Aimer sans retour

(1979)

Berlin 1919

En ce mois de janvier, les corbeaux tournoyaient

Dans la lumière opaque d' un Berlin oppressé

L' espoir gisait dans le sang des derniers insurgés

L' ordre régnait à nouveau sur Berlin...

Noske, le chien sanglant, aboyait à la mort

Et lapait le sang encore frais du nouveau-né

La nuit, annoncée par un long crépuscule,

S' installait, tuant l' espoir auroral.

De l' effroi dans les yeux, ils répétaient tout bas

"ils les ont tués, ils ont osé les tuer !"

(1976)

bizarre Balthazar

Il est un peu bizarre

Balthazar ce soir

Ce soir dans sa mémoire

Sans y croire, il part

Il part avec le jour

Aux labours si lourds

Si lourd pèse son coeur

Qu' à chaque heure il pleure

Il pleure sur cet amour

Chaque jour plus sourd

Il est un peu bizarre

Balthazar ce soir

Pauvre Balthazar

Qui pleure dans le noir

(1977)

c'est un jeu d'ombres et de lumières

C'est un jeu d' ombres et de lumières

Qui fait rire à gorge déployée

L' ombre est une partie de la lumière

Le grain de sable qui fait grincer des dents

Lumière

Nef de l' Espérance

On se croit joueur

Alors que le temps atermoie

On se voit joueur

Alors qu' on n' est qu' adolescent

(2007)

chant de guerre

Je voudrais faire de ma voix

Un battement de tam-tam

Pour que les Indiens-rois

Reprennent leurs armes

(1978)

combat sans merci

A la source des étoiles

Je vais chercher ma force

Mon glaive tranchant

Assoiffé de sang

Décrit des courbes dans l' air

Sur une musique de cris d' agonie

Les chevaux blessés crient en tremblant

Nul merci n' est présente dans mes yeux

(2017)

comme un cheval fou

Comme le vent qui court dans la vallée

Je te cherche

Je te cherche

Comme le vent, la nuit je pleure et je traîne

Je traîne

Si tu t' ennuies aussi

Tu poseras ta tête sur mon épaule

Ta tête sur mon épaule

Comme un cheval fou

Qui court vers l' orage

Qui court vers l' orage

Si tu m' attends aussi

Tu poseras ta main sur mon épaule

(1991)

demain la fête

Des volutes de feu psalmodiaient les prières

Du printemps révolté aux passions incendiaires...

Depuis longtemps déjà les esclaves attendaient

Les battements de tam-tam de la fête solaire...

Alors, arrachant leur peau d' homme civilisé

De leur cage dorée, ils franchirent les barrières...

Des hordes d' hommes nus descendirent dans les rues

Chantant d' une voix rauque des hymnes à la folie

(1977)

endormons nous

Endormons nous ma tendre amie

Demain sera un jour béni

La Lune est déjà dans son lit

Et les enfants sont repartis

Dedans un monde, fait pour eux

Et je crois bien, que cette nuit

Sera de loin, la plus jolie

Quand nous tendrons

Dessus l' abîme

Un fil_ d 'or, presqu' invisible

Et sur ce fil, nous marcherons

Tout droit devant, les yeux fermés

Pour nous toucher, nous pénétrer

Nous oublier et nous aimer

(1979)

et sur le chemin du retour

Et sur le chemin du retour

Montera une mélopée du style mystique

Et c'est dans la lumière qu' il faudra un jour

Laisser ce vêtement

Et c'est dans la lumière que le feu tant attendu

Sifflera à mes oreilles béates

Longues files d' hommes

Style marche funèbre

(2005)

il te reste un monde à construire

Toi qui n' as pas peur de marcher

Malgré les voitures qui te frôlent

Toi qui n' as pas peur de marcher

Toujours plus loin

Toi qui n' as pas peur de tomber

Même si tu crois aux grandes idées

Toi qui n' as qu' une peur

C'est de marcher comme un idiot

Comme un idiot aux yeux bandés

Il te reste un monde à construire

Un monde entier à construire...

(1985)

j' aimais sans fin

Ta chevelure emplie de brumes en exil

Flottait

Soleil mouvant

Dans l' onde pâle

Clair de printemps

Tes douces mains à mes épaules

Renversant quelque géant

Ombre bleue

Baiser du ciel et de la terre

Intense déchirement

Montagnes en marche

Craquements de joie

Vertes ramures

J' aimais sans fin

(octobre 1978)

j' aimerais vivre ce jour

Je les entends pleurer

Du fond de leur ornière

Quand la fange si familière

Tel un piège, s'est refermée

Quand le ciel a fermé ses portes

Et que de tout là-haut

Il vous balance les plus mortes de ses heures

Quand on a le mal de vivre à l' âge de vingt ans

Que faire ?

Préparer des tombeaux de son vivant ?

Ou tout effacer pour tout recommencer

J' aimerais vivre ce jour

(1981)

je marcherai au supplice

Je marcherai au supplice

Je marcherai au supplice
Dans la foule immense

Je marcherai nu
Même si l' on m' a bandé les yeux
Dans la foule immense

Les corbeaux viendront des quatre horizons pour se délecter de mon iris

Moi qui n' ai vu que l' eau
L' eau de la rivière
Et Laura d' un soleil d' hiver

Les corbeaux viendront des quatre horizons pour se délecter de mon iris
Moi qui n' ai bu que l' eau
L' eau de la rivière
Et le Soma d' un soleil d' hiver

Je marcherai sur mes genoux et mes coudes râpant le sol
Je marcherai vers cet autre moi
Qui fait vibrer l' air

(2015)

l' Amour

Je serai auprès de toi

Toujours

Je danserai à ton corps enlacé

Toujours

Je calmerai tes doutes

Toujours

Pendant que tu tourbillonneras comme une toupie folle

Toujours

Mon souffle t' effleurera

Toujours

Comme l' haleine de l' hiver

Toujours

(1999)

l' eau de la mer reflète le temps qui passe

L' eau de la mer reflète le temps qui passe

Toi, le moineau guettant son bonheur du coin de l' oeil

Ô toi, Roi des étoiles et du jour éclatant

Jeune homme

Qui donne la main à une femme déjà vieille

Les nuages et la large plaine infinie

Engloutissent ton amour

Ô avenir radieux

Tu marches à travers les cols embrumés

Vers la large plaine infinie

(2002)

l' envie

Si je te disais

L' envie que j' ai

De graver dans ta chair

D' âcres prières

Si je te disais

L' envie que j' ai

De briser

Ton corps

Lors de transports d' ivresse et de mort

Si je te disais

L' envie que j' ai

D'étouffer de baisers

Tes lèvres salées...

(1979)

l' oiseau de feu

Par les monts et par les vaux

D' un pays enchanté

Ils marchèrent

L' oiseau de feu était là

Défiant les hommes du haut d' un pic noir

A ses pieds l' étendue fangeuse habitée par les hommes

Sa parure était d' or et de rubis

De son plumage irradiait la lumière

De ses yeux perçants émanait le mépris

Il déploya ses ailes et enfourcha le vent

Il répandit une poudre d' or

Qui consuma la terre

Ne laissant que des cendres que le vent dispersait

(1977)

la chair bleue de l' air

Une marée d' or et de boue

Lumières des morts

Dorment dessous

Jades et perles

Flûtes et tombeaux

Tous nos gestes coupent

La chair bleue de l' air

(1980)

la chanson de la forêt

Avec ses lourdes veines d'or

Et ses mains dedans la terre

Avec sa vie qui mange la mort

Et ses silences de monastère

Avec son sang mêlé de terre

Qui rend les arbres heureux

La forêt est là qui me parle

Avec ses mots pleins de lumière

(1977)

la coupe de la vie éclairée

Buvez à la coupe de la vie éclairée

Tristes géants égarés

Trop nombreux sont les chemins qui s' ouvrent sous vos pieds

L' immense inconnue vous porte en son sein

A la coupe de la vie éclairée

Buvez ! tristes géants égarés

Des tourbières de l' inconscient

Sortez à présent sans tarder

Car sans fond est l' abîme présent

Et radieux est l' avenir purifié

Dans le bruit des forges

Qui allaitent le silence

(1976)

la révolte

Au bout de ma révolte, il y a la mer...

Là où les goélands montent vers les nues

Là où l' écume éclate dans les terres

Je partirai vers des îles inconnues

Au bout de ma révolte, il y a des déserts

Des océans de sable où nul ne s' aventure...

(1977)

la traversée des marais

Les marais sanguinaires avaient soif de sang

Et tandis que les brumes glissaient vers la terre

L' astre éclatant consumait la lumière

L' eau angoissante se teinta de sang

Navigant sur mon frêle bateau

Je vis l' humanité se tordant dans les flammes

A la surface de l' eau

Un visage de femme au rictus infernal

Disparaissait vers le fond du marais

Des mains essayaient d' échapper à l' emprise funeste

S' agitaient et frémissaient dans l' air

Puis retombaient dans cette fondrière

Du liquide putride, une odeur de peste

S' élevait, maléfique, en visqueuses vapeurs

(1977)

la vie tu vois

La vie tu vois
C'est l' écho de tes cris
Qui s'inscrit
Sur les murs gris

C'est les mots décharnés
Que tu murmures à l'amour
Endormie là
Tout près
 Sur un lit de roses

La vie tu vois
C'est ta tête qui balance
D'un mur à l' autre

Ta tête qui se fend
Pour que se glisse
De ta boîte crânienne
Le serpent
Que tu conserves
Lové au fond de ton cerveau

La vie tu vois
C'est un costume de scène
Qui drape un rien
Un pas grand chose
Un homme

Une toupie enivrée
Qui balbutie ses joies et ses peines

(1979)

l' ange de la Mort

Dans tes ailes je me suis endormi

Mon bel ange de la Nuit

Mon bel ange de la Mort

(2017)

l' arche d' alliance

J' écoute l' appel de ton corps

Ce cri qui transforme mes veines

En fleuves de feu et de sang

Ce cri qui éveille en moi le désir

De l' alliance éternelle

Ce cri qui me tend comme la corde de l' arc

Ce cri qui de mon sang fait jaillir la sève

Et qui célèbre en moi

La fête de printemps

Irrigant du frémissement de la vie

Jusqu' au bout de mes doigts

Bourgeonnant de folie et d' ivresse

(1977) (2018)

le cercle des montagnes bleues

Des déchirures poudreuses

Rident le ciel nouveau

Le cercle des montagnes bleues

Cratère paisible

Fume...

Des volutes de parfums

Mêlent à l' air du matin

Le tilleul tranquille

Et le miel des abeilles

(1980)

le droit du plus fou

Ils ont grimpé tout en haut
Et depuis le pic le, plus haut
Ils ont craché à la face de Dieu

Puis, ils ont massacré le Soleil radieux
Le droit du plus fou

La colombe des cieux messager
De ses ailes fut dépouillée

Son coeur transpercé par les épines noires
Le sacrifié à jamais sacrifié

Et pour rien

Alors les montagnes ont tremblé
La roche s' est fendillée
Ils sont tombés dans l' abîme
Qui s' ouvrait sous leurs pieds

Dans le néant
On les a oubliés

(1978)

le fantôme du miroir

Fantôme du soir

Quitte mon miroir

Tes yeux de charbon

Sont des puits sans fond

Ta bouche vermeille

Est une grimace

L' horreur sommeille

Sous tes mots de glace

Et je suis tremblant

Sous ton regard noir

Je suis ton amant

Juste pour un soir

Juste pour un soir

Pour un soir

(1976)

le Grand Bleu

Le cadavre du jeune mort empêche de rentrer les moissons

Où est la gloire dans ton rictus verdâtre

Et toi jeune ami seras-tu mort ainsi ?

Les cheveux des sirènes t' envelopperont ainsi

Le baiser de la Mort vaut bien celui de la Vie

Seul l' Univers peut nous embrasser ainsi

(1998- complété en 2018)

le pain des mots

Ô chant des condamnés
Echo des hautes gorges
Forges enneigées
Chemin de l' horloge

Ils montaient vers le haut
Sentiers d' obscures pierres
Avec leurs manteaux
Comme de longs sanglots

Et des voix dans la nuit
Appelaient le Soleil
Pour que d' un jour sans nuit
Naisse le sommeil

Chantez ! car la lumière coule d' entre mes lèvres
Souffrez dans le désert
Pour que votre sang s' enfièvre

Il y a des plaines enfermées sous des pierres tombales
Des yeux dans les dunes
Près des larges rivages

Construisez des vaisseaux dès l' aube du futur

Mangez le pain des mots

Et tremblez en dormant...

(1980)

le suicide des anges

Les murs de la cité suintaient le venin
Du haut de ses gratt'-ciel descendaient des serpents
Qui étouffaient les enfants de leurs anneaux puissants

Sous un ciel maculé s' organisaient un festin
Sans nappe et sans couverts, c' est le festin des vers

Les coeurs se décomposaient et formaient un purin
Qui ruisselaient des murs et salissaient la terre

Des monstres mécaniques patrouillaient dans les rues
Où gisaient dans le sang les anges suicidés

Voyageurs d' outre-monde, aux ailes arrachées
Ils s' étaient écrasés sur l' asphalte des rues

Le plafond des nuages se craquelait, pourrissait
Il couvrait de son ombre l' immonde cité
On le sentait s' affaisser, on l' entendait s' effriter
Comme un plancher humide et vermoulu

Du ventre de la ville montaient les mélopées
Des hommes enchaînés aux machines d' acier

(été 1977)

le temps des amours

D'aussi loin que je me rappelle
J' ai toujours aimé le temps des amours

Le temps des tourbillons de pollen
Jaune comme des grains de lumière

Le temps où les sapins exultent
Sur les épaules des montagnes

Le temps où dans l' intimité des fleurs
S' accomplit le geste d' amour

Oui, j' ai toujours aimé partager cette joie
Qui bat aux tempes
La joie des rameaux à la sève verte
Tendus par la force d' Amour

Je frottais ma joue contre les rudes écorces
Et chantais tout bas la chanson des temps anciens
Il me semblait que les arbres partageaient
Ma peine ou ma joie
Comme au temps des hommes-lunes

(1980, 2018)

les cimetières qui dorment sous la neige

Les grands vents du nord

S' assemblent entre eux

Comme une meute de loups

Ils encerclent un vieux fou

La lumière fuit

Tout là-haut dans l' espace

Et les grands cimetières qui dorment sous la neige

Comment les oublierais-je ?

(1980)

les couloirs glacés

Derrière les miroirs
Il y a des couloirs
Aux voyages feutrés

Dans des tunnels glacés
Circulent indéfiniment
Des ombres dessinées
Par les rêves des vivants

Une chaude lumière
Eclairait doucement
Une femme lunaire
Tout de blanc se drapant

Je la vis se pencher sur un berceau d' argent
Et saisir un enfant pour en l' air l' élever

L'enfant à la chair rose
Se mit à gigoter
Avant qu' elle ne le pose
Dans un vase de grès

Plus un bruit ne sortit du vase refermé
Car l' enfant s' endormit pour ne plus s' éveiller

Mais les ombres circulaient
Indéfiniment
Dans les couloirs glacés
Derrière les miroirs

(1977)

les lignes des pêcheurs sont vaines

Les lignes des pêcheurs sont vaines

Ô miroirs pourquoi scintiller plus fort ?

Je sens en moi l' amour de toutes mes soeurs et de tous mes frères

Qui m' accompagne

Dans un Univers qui nous regarde

(2017)

les mots

Ces mots décharnés
Qu' on murmure à l' amour, endormie
là, tout près, sur un lit de roses

Ces mots que l' on répète
Des larmes dans les yeux
Ces mots qui ne sont rien
Face aux torrents de sang

Ces mots qui ne sont rien
Quand on les écrit sur les frontons
Ou quand on les prononce aux tribunes dorées

Ces mots dont on se souvient trop tard
Quand les mères sont en larmes

(1982)

les rêves flous des réverbères de nuit

Les rêves flous des réverbères de nuit

Epuisent les ténèbres

L' équivoque éternelle tisse le soir

De moire et de gris

J' écoute mon coeur cogner...

Je saigne l' humeur d' un jour

Qui m' a pris à son piège

Chaque jour est une impasse

Mais le soir à la fin passe

Longues longues nuits

Qui épanchent la vie

Miroirs que les heures me tendent

Révélations sordides des veilles

(1986)

les voix des vents

Puisque je navigue sur l' océan noir

Sur un beau voilier blanc

Puisque j' ai rejeté ton corps

Au loin vers le nord

J' écoute les voix des vents

M' entraîner mystérieusement

je suis dans ta main, océan !

Montre-moi un de tes rivages

Qui trouve grâce à mes yeux

Ou mêle-moi à tes coquillages

(1981)

ma femme

Une femme
Tout un pays de sables chauds
De lagunes profondes et d'eau

Une femme
Un feu pour se brûler, se consumer
Et pour toujours se réchauffer

Une femme que l' on doit aimer
Pour niquer l' éternité

Une femme qu' on oubliait sur un quai
Et qu' on pleurait

Une femme que j' aimais pour ses gouffres de lumière
Pour ses paupières d' arc-en-ciel
Ses mains de source vive
Et son cou de cygne-givre

Une femme
Tout un champ de blés mouvant
Comme le terrain de jeu des vents
Une femme

Une femme
Ça vous tiens et vous retiens
Comme la Terre qui nous attends

Une femme

(1989)

marche !

Marche !
Sans un regard en arrière
Sans une vision du futur
Marche ainsi

Marche !
Tu n' es plus qu' un instant
Qu' un plaisir
Marche !

Marche sur les monts alentours
Parmi le thym et l' olivier
Marche !

Face au soleil levant
Sur un chemin irisé
Marche ainsi !

Marche au côté du vent
Dans l' accord universel
Marche ainsi !

Car ta place est là
Dans la main de Dieu

(1979)

Meaulnes, mon grand ami

Meaulnes, mon grand ami
Pourquoi chercher la vie
Là où elle n' est pas

Dans ton rêve perdu
Jeune fille entrevue
Et tu ne dors pas

Les souvenirs d' enfance
Passent et tout recommence
La vie c'est comme ça

Pourquoi courir après
Les rêves oubliés
Tu refermeras tes bras
Et tu n' auras rien...

Rien qu' un parfum du temps
Où nous étions enfants
Et nous jouions aux grands

Nous réchauffions nos mains
Au poêle de l' école
En rêvant de nankin

Meaulnes, mon grand ami
Maintenant tu as tout
Et tu ne dors pas

Je crois qu' il pleut dehors
Et malgré tout, tu sors
Tu t' en vas

Sur quels chemins vas-tu ?

Vers quelles aventures ?
Et déjà je t'envie

Mais Meaulnes, mon grand ami
On aurait dû te dire
Qu' on ne vit qu' une fois

(1979)

mon premier amour

Tu étais le printemps

Tu étais le vent

Tu étais mon cri

Mon second cri de vie

Tu étais l' appel

Qui enflammait mon sang

Tu étais un ciel de décembre

Dans tes yeux sans voiles

Une chair_ d' ambre

Tremblante sous le voile

Fallait-il que ce soir-là

La solitude soit méchante

Pour que j' ouvre les bras

A la vie qui va dansante

A la vie qui va charmante

(1976)

murmures d' un homme perdu

Regarde les fils du ciel qui ensemencent les lacs

Regarde les filles de la terre au corps d' airain

Une jeune fille est repartie vers une aube nouvelle

Et moi je sombre vers l' abîme cristallin

Le gouffre dans mon front ouvert laisse couler

Le liquide précieux de l' espoir immolé

Retournerai-je jusqu' aux limites des mers ?

Là où les têtes roulent sur le sable

Ma bouche est avide de lèvres affables

Et mes yeux sont ivres de senteurs amères

Le plafond s' est ouvert et l' angoisse en descend

Je vois déjà son ombre s' agrandir sur les murs

Je vois déjà ses ailes envelopper la lumière

(1977)

Nora

Nora

Tu as bouleversé ma chambre

Depuis que je te contemple

Quand la nuit dort

Tu es mon ambre

Celle que je contemple

Quand la nuit dort

O Nora Nora Nora

Pourquoi partir si loin

Aider les pauvres gens

Alors que je suis là

(2008)

Nougarol

Les colombent * roucoulent

Et les chiens rôdent

Chacun remplit son rôle

Dans la patrol

Scandait Nougarol

Et je reprenais en choeur

Ah   Ah   Ah

La patrol de Nougarol

Et le phrasé typique

de notre ami

Claude

* sic.
(2004)

nous finirons à La Villette

Quand la douce colombe ensanglante mon coeur
Et que le couperet tombe ponctuel à chaque heure
Quand gémissent les bombes sur cette terre meurtrie
Et que des enfants meurent sans fureur et sans bruit

Quand la foule muette se noie dans le goudron
Et que la midinette use ses yeux marron
Quand des curés vic'lards séduisent des fillettes
Et que tant de vieillards finissent à La Villette

Quand des chevaux ardents rayonnent dans le ciel
Et que les deux amants se recouvrent de sel
Quand dorment les marmots dans de noires poubelles
Et que de longs couteaux saignent la tourterelle

Je souffre en solitaire cloîtré dans les murailles
Du réel linéaire aux stériles semailles

(1977)

nuit d' hiver

De cette longue nuit d' hiver

Je sors bien plus glacé

Qu' un mort dormant sous la Terre

Depuis des milliers d 'années

Et si je suis à genoux sous cette lune si pâle

C'est que je meurs de vous

Et de votre air triomphal

(1977)

nymphis

Nymphes des forêts
Ecoutez mon désespoir
se mêler au vent du soir
Et pleurer
Celle dont j' ai tant rêvé

Inaccessibles nues
Voyez ces yeux éperdus
Chercher des yeux disparus
Et pleurer
Celle dont j' ai tant rêvé

Naïades rosées
Sentez mon corps vacillant
S' abandonner au néant
Et pleurer
Celle dont j' ai tant rêvé

(1977)

nymphis : mot latin signifiant "aux nymphes".

ô mon amour enfant

Suis-moi dans l' outre-monde

Ô mon amour enfant

Laisse-là tes froufrous

Tes carcans d' évidences

Tes luxueux licous

Et tes chaussons de danse

Nous danserons nu-pieds

Les danses oubliées

En hommage au soleil

Nous chanterons

Sans fin

Dans les champs d' allégresse

(1979)

ô Selenia

Ta chevelure s' enflamme sur le trajet cosmique qui mène jusqu' à moi
Ton visage nimbé de feu troue l' immensité silencieuse du bleu
Je t' attends depuis dix mille ans

Ô Selenia

Moi qui ne suis qu' un foetus dérivant parmi les astres errants
Je t' attends pour être homme
Nous renaîtrons tous deux de cette rencontre
Comme le feu à la coupe de candeur et de joie
Nous nous étirerons sous la lune rousse

Ô toi, tes bras, mon berceau et ma tombe
Fais s'écarter de mon chemin les planètes maudites
Car tu es l' Immortelle, l' Infinie
Ton baiser est purificatoire

Viens
Ô Selenia

(1977)

Ophélie

L' océan sonore
Palpite sous l'oeil
De la lune en deuil
Et palpite encore

Le vent de la mort
A cerné mon coeur
Et glacé mes pleurs
Et palpite encore

Ophélie s'endort
Loin de moi, si loin
Que mes cris sont vains
Trop forte est la mort

Et la vie s' exhale
S' étiole dans l' air
Qui est tu donc Mer ?
Ô beauté fatale

Oh prends garde à toi
Ma peine est trop forte
Tu seras Mer Morte
Si tes eaux, je bois

(1976)

petit regret

Just' un petit regret
D' avoir pas voyagé
Avec toi aussi loin
que ce qu' on prévoyait

Mais ça fait rien
Ça fait rien
Je reprends mon chemin

Just' un petit soupir
Quand le soir vient mourir
A ma porte fermée
Dont tu gardes la clé

Mais ça fait rien
Ça fait rien
Je reprends mon chemin

Just' un petit bonheur
Que j' serrais sur mon coeur
Comme un trésor secret
Qu' on vient de dérober

Mais ça fait rien
Ça fait rien
Je reprends mon chemin

Just' un petit orage
Qu' a s'coué mon feuillage
Et qu' a fait fuir l' oiseau
Vers des pays plus chauds

Mais ça fait rien
Ça fait rien
Je reprends mon chemin

Just' un petit oiseau
Qui chantait aussitôt
Qu' le soleil se levait
Dans un ciel bien lavé

(1980)

peuples de la Terre, unissez-vous !

Peuples de la Terre !

Saules cendrés
Bouleaux verruqueux
Peupliers trembles
Saules blancs
Chênes pédonculés
Pins noirs
Aulnes glutineux

Bruants des roseaux
Grèbes huppés
Canards souchets
Rousseroles effarvattes
Locustelles tachetées
Fauvettes babillardes
Phragmites des joncs
Bouscarles de Cetti

Peuples de la Terre
Unissez vous !

(2018)

bibliographie: *petit guide des oiseaux d' Europe*; Hermann HEINZEL, 1985 (traduit de l' anglais par Claude MOLINIER)

promenade de printemps

Toutes les saisons sont belles

La forêt du printemps l' est tout autant

Quand les grands pins échauffés par les premières chaleurs

Lâchent leur sperme sec

Qui recouvre d' or la forêt en nuages opaques

Ils tremblent sous la caresse de la brise

En vagues de plaisir

Puis reprennent leur attitude imperturbable

Comme si de rien n' était

Là, tout n' est qu' ordre et beauté, luxe, calme et volupté

(2018)

quand les blés seront mûrs

Quand les blés seront mûrs

Quand le souffle de la vie aura traversé mon corps imparfait

Venant des quatre horizons de la Terre noire

Quand mes mains écorchées par toutes les ronces du monde

Abriteront frémissantes le coeur du mystère

Je marcherai lentement dans un chemin creux

Bordé de fontaines vertes, bruissantes et aimantes

J' irai par les vallées et les monts

J' irai voir les cascades de brume

Haleines d' argent

Au matin des montagnes

(1980)

rien

Rien ! rien ! rien !

Je ne sais pas...

Je ne sais plus sentir la vie courir dans mes membres
Je ne sais plus trembler d' amour pour un regard

Je suis mort
Etendu
Dans la flaque de mes angoisses

Est-ce bien mon enfance
Ces bribes de souvenir qui clignotent faiblement
Au fond de mon âme ?

Je ne voudrais plus vivre que par mes sens
Car mon esprit me trompe
Me tend des pièges

Tout est vicié, corrompu

La vie est un simulacre

(1979)

si l'on ne savait plus chanter ensemble

Si l' on ne savait plus chanter ensemble
 Des chants d' amitié au chaud en plein décembre

Si l' horizon n' était plus
Qu' un mur gris de silence

Si le soleil n' était plus
Qu' une ampoule en transe

Si l' avenir n' était plus
Que celui de notre démence

J' ai vu des corbeaux
Obscurcir le Soleil

J' ai vu un couteau
Eventrer le ciel

Si l'on ne savait plus
Pleurer d' amour

Si mes mains gênées
Ne parlaient plus d' amour

Si plus fort que les fifres
Résonnaient les tambours

Si l'on n'parlait plus que *chiffres*
Et jamais plus d' amour

J' ai vu dans un miroir
Des visages sinistres

J' ai vu les ombres noires
Des escadrons de la mort...

(1977)

sur le chemin de la guerre

Nous, Indiens des collines

Lançons un appel à ceux qui marchent debout:

"Vous possédez beaucoup de choses,

 Vous mettez les animaux en cage,

Vous avez des armes terrifiantes...

Nous, nous possédons des prairies aux senteurs d' infini

Nous sommes une armée de prophètes

Et nous marchons au sacrifice en chantant joyeusement"

(1977) (2018)

ta bouche

Ta bouche, fruit de givre

Fondit sur mon front

En un lac d'eau pure

Un baiser profond

(1977)

ta chevelure

Ni temps passé ni les amours ne reviennent

Ô mon amour, ta chevelure pleine de parfums

Ma bouche sur ta nuque, jamais plus ?

Tu as coupé tes cheveux et tes nuits sont loin des miennes

Ô mon amour m' entends-tu ?   Entends-tu ma déchirure ?

(1977)

un baiser pour mon front fatigué

Où donc est l' oreiller pour mon front fatigué ?

Où donc sont les baisers ?

Où donc sont les caresses ?

Quels trésors avons-nous jetés dans la transparence bleue des jours ?

Etaient-ils assez beaux ?

Et quand nous serons nus

Comme deux étoiles dans l' eau noire de la nuit

Nous aimerons nous ?

(1982)

un germe d' infini

Tourne tes yeux vers le monde

Et blottis-toi en son sein

La vraie vie est une ronde

Que dansent chaque matin

L' Univers en s' éveillant

Et la Nature en chantant

Il suffit d' ouvrir les yeux pour emplir ton coeur de joie

A quoi bon scruter les cieux

La vérité est en toi

Sache seulement que ton sang est pareil à l' eau limpide

Qui fait d'une terre aride

Un jardin luxuriant

Que ton souffle est le vent

Que ta chair est la terre

Ecoute le chant divin de ton âme printanière

Ne sens-tu pas en toi-même un germe d' infini ?

(1980)

une chance pour dépasser la nuit

T'es une fontaine

Un cadeau des pierres

Une chance pour

Dépasser la nuit

Mon amour, j' épie

Tes cils serrés

J' attends qu' ils s' entrouvrent

Pour te dire "bonjour"

Et tu dors là

Au creux du lit

Tu touches mon épaule

Et parfois j' en tremble

(1977)

utopie

Je sais qu' ici rêver est interdit
On me dit qu' y a pas de place pour l' utopie

Mais nom de dieu !
A regarder les hommes vivre
Je me dis que bientôt ce sera fini

Pourtant j' aurais bien aimé vivre
Et peut-être un jour mourir, entouré d' enfants
Et ne pas mourir brûlé par l' atome
Et par la connerie

Pourtant y avait des rivières
De l' amour en fontaines

Mais couchons-nous
Consommons
Comme des idiots
Obéissons
Aux nouveaux monarques

(1976)

valeureux ventis

Valeureux ventis
Armée dérisoire
De têtes emplies
De rêves de gloire

Folles chevelures
Traversées d' éclairs
Sanglantes membrures
Lasses de la guerre

(1978)

vers l' outre-monde

Suis-moi dans l' outre-monde
Ô mon amour enfant
Loin de la ville immonde
Ce tombeau des amants

Laisse là tes froufrous
Tes carcans d' évidences
Tes luxueux licous
Et tes chaussons de danse

Ils t' ont brûlé les yeux
Comme à moi, comme à eux
Viens nous allons marcher
Dans ces champs d' allégresse
Où l' on connait l' ivresse

Nous danserons nu-pieds
Les danses oubliées
En hommage au soleil
Qui fait gonfler la treille

(1977)

voyage sur le ventre d' Amour

Emmène-moi amour au creux de ton épaule
Vers tes pays tendresse, vers tes pays chaleur

Laisse-moi respirer au tréfonds de ton corps
 Les parfums oubliés de ce jardin d' Eden
Où coulait sans tarir la source du bonheur

Emmène-moi amour au pied de la cascade
Qui coule sur ton dos en lourdes vagues noires

Laisse-moi oublier pendant quelques instants
Les rides qu' abandonnent sur ma peau-mémoire
Les colères du vent et les marées du temps

Emmène-moi amour sur ton corps enivré
Sur les mers déchaînées de la trop brève extase
Là nous remonterons le fleuve Liberté
Là nous replongerons dans le magma sanglant
De nos corps éclatés
De nos corps rassemblés

(1978)

y'a les bravos

y 'a les bravos

Y 'a les coups de sifflet

Y'a le toro

Qu' il faut bien achever

Et puis y'a l' espoir si souvent massacré

Que le ciel est noir au-dessus des sentiers

Et puis y'a l' enfant qu' on a bien étouffé

Y'a son sang qui irrigue mes couplets

Et puis y'a l' amour

Mais J' crois qu' il est sourd

Ou bien qu' il est meurtri

(1976)

à l' âge de vingt ans	3
à l'ombre des jeunes filles en fleurs	4
à quoi bon lutter contre le coeur bleu de la nuit	5
au Champ de Mars	6
au grand jamais	7
au pays de ton corps	8
au-delà de la Grande Ourse	9
Berlin 1919	10
bizarre Balthazar	11
c'est un jeu d'ombres et de lumières	12
chant de guerre	13
combat sans merci	13
comme un cheval fou	14
demain la fête	15
endormons nous	16
et sur le chemin du retour	17
il te reste un monde à construire	18
j' aimais sans fin	19
j' aimerais vivre ce jour	20
je marcherai au supplice	21
l' Amour	22
l' eau de la mer reflète le temps qui passe	23
l' envie	24
l' oiseau de feu	25
la chair bleue de l' air	26
la chanson de la forêt	27
la coupe de la vie éclairée	28
la révolte	29
la traversée des marais	30
la vie tu vois	31
l' ange de la Mort	32
l' arche d' alliance	32
le cercle des montagnes bleues	33
le droit du plus fou	34
le fantôme du miroir	35

le Grand Bleu	36
le pain des mots	37
le suicide des anges	38
le temps des amours	39
les cimetières qui dorment sous la neige	40
les couloirs glacés	41
les lignes des pêcheurs sont vaines	42
les mots	43
les rêves flous des réverbères de nuit	44
les voix des vents	45
ma femme	46
marche !	47
Meaulnes, mon grand ami	48
mon premier amour	50
murmures d' un homme perdu	51
Nora	52
Nougarol	53
nous finirons à La Villette	54
nuit d' hiver	55
nymphis	56
ô mon amour enfant	57
ô Selenia	58
Ophélie	59
petit regret	60
peuples de la Terre, unissez-vous !	62
promenade de printemps	63
quand les blés seront mûrs	64
rien	65
si l'on ne savait plus chanter ensemble	66
sur le chemin de la guerre	67
ta bouche	68
ta chevelure	68
un baiser pour mon front fatigué	69
un germe d' infini	70
une chance pour dépasser la nuit	71
utopie	72
valeureux ventis	73

vers l' outre-monde   74
voyage sur le ventre d' Amour   75
y'a les bravos   76

<u>couverture</u>: rochers couverts de "vert" à la cascade d' Aubres (Drôme) ©Ph.Potel-Belner

<u>4ème de couverture</u>: le Mont Maudit devant le Mont Blanc, photo prise depuis le sommet du Mont Blanc du Tacul.
©Ph.Potel-Belner

Philippe POTEL-BELNER est historien, philologue et archéologue...
et poète à ses heures.
Dans ce volume, sont rassemblés ses poèmes, principalement de jeunesse, et couvrant la période 1976 à 2018.